AF382887

NICOLAS COPERNIC

L'héliocentrisme aux sources
de l'astrophysique contemporaine

Par Mélanie Mettra

50MINUTES.fr

NICOLAS COPERNIC ET LA RÉVOLUTION HÉLIOCENTRIQUE

INTRODUCTION

Le nom de Nicolas Copernic est associé à une rupture majeure dans l'histoire de l'astronomie. Après 14 siècles d'observation et de calculs basés sur les théories aristotéliciennes et ptoléméennes d'un univers fini, dans lequel des sphères solides font rouler sur leur robe cristalline planètes et étoiles autour d'une hiératique Terre immobile, et au-delà duquel évoluent monstres, dieux et anges, le système copernicien sème le germe d'une révolution.

Le début du XVIe siècle est marqué par de profonds changements : les explorateurs, profitant du progrès des techniques de navigation, se lancent à la conquête des océans, sur de nouvelles routes et vers de nouvelles terres. Ainsi, alors que Copernic étudie à Cracovie, Christophe Colomb

(1450/1451-1506) découvre l'Amérique. En outre, l'humanisme transforme la pensée, cultivant le goût du savoir grâce à un retour aux racines antiques de la culture européenne, enrichies du foisonnement intellectuel de l'Orient médiéval. L'Église catholique est, elle aussi, ébranlée dans ses fondations par la Réforme protestante, et trouve un second souffle dans sa propre réforme.

Cette période, pourtant tournée vers l'Antiquité, sonne le glas de l'héritage du savant grec Claude Ptolémée (100-170). Tout à la fois mathématicien, géographe et astronome, celui-ci a donné au premier siècle de notre ère une géographie et un système astronomique d'une longévité remarquable. Mais la découverte de l'Amérique rend la première caduque, et Nicolas Copernic réinterprète le second, émettant l'hypothèse que la Terre n'est pas immobile. Mieux encore, elle tournerait sur elle-même et autour du Soleil, qui occupe désormais le centre du système planétaire. Seuls ces petits changements distinguent le système copernicien de celui de Ptolémée dont il reste par ailleurs bien proche. Copernic est pourtant à l'origine d'une révolution qui, en cinq siècles, de Galilée (astronome et physicien italien, 1564-1642) à Kepler (astronome allemand, 1571-1630), de Kepler à Newton (physicien, mathématicien et astronome anglais, 1642-1727) et de Newton à Einstein (physicien américain, 1879-1955), va transformer la vision du ciel et de l'univers.

DONNÉES CLÉS

- **Naissance ?** Le 19 février 1473 à Toruń (Pologne).
- **Mort ?** Le 24 mai 1543 à Frauenburg (aujourd'hui Frombork, en Pologne).
- **Apport majeur ?** Présentation d'un système planétaire héliocentrique.

BIOGRAPHIE

LA FORMATION D'UN HUMANISTE

Nicolas Copernic est né le 19 février 1473 à Toruń, ville de Prusse royale, au sein du royaume de Pologne. Il est le cadet d'une famille qui compte quatre enfants. Son père, un riche marchand de Cracovie, est venu s'installer à Toruń afin de profiter du florissant commerce hanséatique. Orphelin alors qu'il n'a que dix ans, il est recueilli avec ses frères et sœurs par leur oncle maternel, Lukas Watzenrode (1447-1512), un homme d'une grande culture, reconnu pour ses faits d'armes et surtout pour son titre d'évêque de Warmie (ou d'Ermeland).

Après avoir suivi les enseignements de Bernard Sculteti (1455-1518), futur chapelain du pape Léon X (1475-1521), le jeune Nicolas Copernic, alors âgé de 18 ans, est envoyé par son oncle étudier la théologie, mais surtout le droit canon et les arts libéraux à l'université de Cracovie. Sous l'influence de son professeur Albert de Brudzewo (astronome polonais, 1445-1497), il acquiert ses premiers rudiments d'astronomie. En 1496, il prend la route de l'Italie afin de suivre les cours de l'université de Bologne. Toujours spécialisé dans le droit et la philosophie, il fait la rencontre de Domenico Maria Novara (astronome italien, 1454-1504), avec qui il réalise de nombreuses observations astronomiques et découvre la littérature scientifique et philosophique portant sur ce sujet.

Entre-temps, son oncle le fait nommer chanoine de Frombork. Après avoir pris ses fonctions, Nicolas Copernic quitte à nouveau la Pologne afin de terminer ses études à Padoue. Tout en suivant un cursus de médecine, il y obtient le titre de docteur en droit canon (mai 1503). Il reprend ensuite le chemin de la Pologne, qu'il ne quittera pratiquement plus jusqu'à sa mort.

UN PARCOURS CONTRASTÉ

En tant que chanoine, Copernic exerce de grandes responsabilités économiques et politiques. En tant que médecin, il soigne son oncle, l'évêque de Warmie. Administrateur des biens du chapitre de Warmie, il a en charge l'attribution des terres et l'installation des colons, mais aussi la représentation du Chapitre aux assemblées des États de la Prusse royale.

Lorsque la Pologne entre en conflit avec les chevaliers de l'Ordre teutonique, il participe au combat et doit fuir Frombork lorsque celle-ci subit l'assaut de ces derniers (janvier 1520). Il organise également la défense de la ville d'Olsztyn comme commandant militaire.

En parallèle, il a rédigé un important ouvrage de réforme économique et monétaire (*De monete cutende ratio*, « *Considération sur le système monétaire* »), dans lequel il expose, avec une rigueur scientifique, l'importance de la valeur monétaire, du rapport entre les métaux précieux or et argent. Il est également l'initiateur de la loi dite de Gresham (quand deux monnaies sont produites en même temps, la meilleure est thésaurisée, ne laissant circuler que la moins bonne).

Mais ces activités ne le détournent pas de sa passion : l'astronomie. Chacun de ses voyages est l'occasion d'observer le ciel, et, à Frombork, il fait élever une tour près de la cathédrale afin d'y aménager un observatoire. Sa lecture des auteurs grecs, latins et arabes et la qualité de ses examens lui permettent de remettre en question le système de l'astronome grec Claude Ptolémée, prédominant jusque-là. Au système géocentrique, qui, au prix de nombreux aménagements complexes, place la Terre au centre d'un système de planètes tournant autour d'elle, il préfère un système héliocentrique simplifié. Discret sur ses découvertes et ses hypothèses, son ouvrage *De revolutionibus orbium coelestium* (*Du mouvement des sphères célestes*), dont il a sans doute achevé la rédaction dès 1530, n'est imprimé à Nuremberg qu'en 1543, quelques semaines avant sa mort. C'est son ami et disciple Georg Joachim von Lauchen dit Rheticus (astronome polonais, 1514-1576), qui va tenter de diffuser l'œuvre de son maître. Celle-ci, qui doit *a posteriori* donner naissance à la révolution copernicienne, ne rencontre que peu d'échos dans les premiers temps. Elle ne prend toute son importance qu'avec son développement au travers des travaux de Tycho Brahe (astronome danois, 1546-1601), de Galilée ou de Johannes Kepler.

Copernic meurt en mai 1543 d'une hémorragie cérébrale.

Le nouveau tombeau de Nicolas Copernic

Selon la tradition, les chanoines sont enterrés dans la cathédrale dont ils dépendent. Mais la tombe de Nicolas Copernic est longtemps restée introuvable à Frombork. Le 4 novembre 2005, après de nouvelles recherches ayant permis d'identifier le lieu d'inhumation de l'astronome, les archéologues trouvent des restes au pied de l'autel de la Sainte-Croix. Grâce à l'analyse du crâne puis de mèches de cheveux de l'un des squelettes, le corps a pu être identifié comme étant bien celui-ci de Nicolas Copernic. Il a été enterré à nouveau dans sa cathédrale, le 22 mai 2010 après avoir reçu une messe et les hommages de Józef Kowalczyk (évêque polonais, né en 1938).

CONTEXTE

UN ROYAUME DE POLOGNE CHAOTIQUE

Depuis sa création au milieu du Xe siècle, le royaume chrétien de Pologne est soumis à l'agitation de ses voisins. Tentant régulièrement de prendre les terres conquises par les rois de Pologne de la dynastie des Piast (vers 960-1370) ou offrant un soutien intéressé contre les invasions, le Saint Empire romain germanique, mais aussi les Prussiens et les Lituaniens assaillent tout au long du XIIe siècle un royaume divisé en duchés vulnérables.

Au XIIIe siècle, ce sont les Mongols qui fondent sur les terres dominées par les chevaliers de l'Ordre teutonique, venus au secours du duc de Mazovie, aux prises avec les Prussiens. L'unité du royaume de Pologne tient alors surtout à l'influence croissante de l'Église, qui, au travers des évêchés, anime la vie locale. Le règne de Casimir III (1309-1370) marque un tournant dans la vie politique polonaise : il réussit à se débarrasser de la présence encombrante des chevaliers teutoniques et à conquérir des territoires qu'il concède à des colons paysans, favorisant par là leur statut. C'est également sous son règne que se développent l'industrie, le commerce et la renommée culturelle du royaume grâce à la création de l'université de Cracovie. À la mort du roi, la Couronne passe d'abord à son neveu, Louis de Hongrie (1326-1382), puis à la fille de ce dernier, Hedwige d'Anjou (1372-1399). Celle-ci épouse en 1386 le roi de Lituanie, devenu roi de Pologne sous le nom de Ladislas II de Jagellon (1352-1434).

L'Ordre teutonique

L'Ordre teutonique a été créé entre 1191 et 1198, lors de la troisième croisade, à Saint-Jean d'Acre en Terre sainte. Au départ administrateurs du lieu d'accueil des pèlerins allemands, les hospitaliers de la maison de Sainte-Marie-des-Teutoniques s'organisent rapidement en ordre militaire afin de défendre la Terre sainte. Au XIIIe siècle, ils s'implantent en Europe du Nord où ils portent leurs armes contre les populations païennes. Conquérant les terres prussiennes, polonaises et lituaniennes, ils créent des villes (dont Toruń) et un État monastique teutonique. Mais, en lutte perpétuelle avec leurs voisins, ils finissent, au milieu du XVIᵉ siècle, par ne plus détenir que la Prusse occidentale, vassale du roi de Pologne. Divisé par la Réforme protestante, l'ordre décline jusqu'à sa dissolution par Napoléon Iᵉʳ (empereur des Français, 1769-1821) en 1809. Ranimé au début XXᵉ siècle, il se consacre aujourd'hui aux œuvres de bienfaisance et d'éducation.

La dynastie des Jagellons (1377-1572) va présider pour deux siècles à la destinée conjointe de la Pologne, de la Lituanie et d'une partie de l'Ukraine. Les chevaliers teutoniques sont leurs adversaires principaux : occupant la façade maritime du nord de la Pologne, Ladislas II, puis Casimir IV (1427-1492) les combattent pendant plus de la moitié du XVᵉ siècle avant de leur imposer la paix de Toruń en 1466 et obtenir ainsi un accès à la mer Baltique.

Outre ce conflit, le vaste royaume polonais doit faire face aux incursions russes, ottomanes ou encore germaniques. Il devient au début du XVIᵉ siècle une monarchie constitutionnelle, dont les lois, la levée des impôts ou des troupes doivent être votées par une diète regroupant le roi, des sénateurs (hauts dignitaires religieux et militaires) et des députés représentant les assemblées locales de la noblesse (diétines). Si le royaume reste longtemps marqué par son manque d'unité linguistique, ethnique, religieuse, et par les rivalités entre les seigneuries et les duchés qui le composent ainsi que par les guerres quasi-permanentes contre ses voisins, le XVIᵉ siècle marque le début d'un âge d'or pour la Pologne. Nourrie par la Renaissance, elle développe une pensée intellectuelle riche diffusée par des auteurs de langue polonaise, contribuant ainsi à l'essor de celle-ci et à l'élaboration d'une forme d'unité nationale.

HUMANISME ET RÉFORME

Alors que la diversité des peuples, des langues et des religions ont été un handicap dans la fondation d'une unité nationale, cette diversité a toutefois fait de la Pologne une terre de tolérance. Aussi profite-t-elle de l'épanouissement de la

Renaissance et de la diffusion de l'humanisme. Après leur naissance en Italie, ces deux mouvements, l'un artistique et l'autre intellectuel, sont étroitement liés par leur retour aux sources antiques. Que ce soit dans le domaine architectural, pictural, ou dans la sculpture, ou bien par l'étude des philosophes, des savants grecs et des auteurs arabes, cette inspiration donne lieu à une effervescence culturelle qui se diffuse dans l'Europe entière par le biais des universités. Les hommes de lettres comme les artistes se forment et forment leurs disciples par des voyages personnels d'université en université, mais aussi par une diffusion sans précédent des livres, grâce à l'invention de l'imprimerie par Gutenberg (imprimeur allemand, 1397-1468) à Mayence.

L'université de Cracovie, en particulier depuis sa réforme par les souverains Jagellon, est ainsi, entre 1500 et 1530, un centre intellectuel de premier ordre. Parmi les enseignants qui y officient, nombreux sont les mathématiciens astronomes, comme Laurent de Raciborz (1381-1448), Pierre de Lozmierza (vers 1430-1474), auteur d'une méthode de calcul des longitudes, ou encore Albert de Brudzewo, maître de Nicolas Copernic, auteur de tables astronomiques très populaires calculées pour le méridien de Cracovie et qui, le premier, met en lumière les contradictions du géocentrisme. Martin Biem d'Olkusz (1470-1540), enfin, est le rapporteur pour le cinquième concile de Latran (1512-1517) d'un projet de réforme du calendrier basée sur les plus récents calculs astronomiques, auquel participe Nicolas Copernic. Tous font le terreau scientifique dont vont se nourrir les travaux coperniciens.

Mais c'est également l'époque de la naissance d'un nouveau courant religieux. Issue de la critique des pratiques catholiques par Martin Luther (1483-1546), moine appartenant à l'ordre mendiant des augustins, et nourrie de la pensée humaniste qui prône un retour aux textes et une relation personnelle à la foi, la Réforme protestante pénètre en Pologne comme dans la plupart des pays d'Europe du Nord. Diffusée essentiellement dans la noblesse grâce à des personnalités telles que Jean Laski (1499-1560), évêque polonais proche d'Ulrich Zwingli (théologien et pasteur suisse, 1484-1531) et d'Érasme (théologien, humaniste hollandais, 1467-1536) dont il achète la bibliothèque, elle jouit d'une grande tolérance et est actée par les différents princes polonais dans le pacte de Varsovie de 1573. Le royaume devient alors rapidement le refuge des différentes dissidences chrétiennes, qu'elle protège. Cette inclination pour le protestantisme s'éteint à la fin du XVIᵉ siècle. La création de la Compagnie de Jésus (jésuites), née du grand mouvement de contre-réforme catholique, et son implantation en Pologne permettent la reconquête des élites polonaises, la population étant quant à elle restée largement attachée au catholicisme.

LA DÉCOUVERTE DES AMÉRIQUES

Si l'environnement culturel humaniste nord-européen est propice au développement de la pensée scientifique dont Nicolas Copernic est l'un des symboles, il sera également à l'origine d'une autre révolution. En effet, alors que ce dernier découvre l'astronomie à l'université, Christophe Colomb en applique concrètement les théories en prenant la route des Indes par l'Atlantique.

Après les grands voyages portugais d'Henri le Navigateur (infant du Portugal,

1394-1460) ou de Bartolomeu Dias (explorateur portugais, vers 1450-1500), Christophe Colomb, financé par les souverains d'Espagne Isabelle Ire de Castille (1451-1504) et Ferdinand II d'Aragon (1452-1516), tente une circumnavigation terrestre afin d'ouvrir une nouvelle route vers les Indes. Découvrant à son insu un nouveau continent, il est à l'origine de l'exploitation de ressources sans précédent et de la transformation radicale du commerce mondial. Cette découverte va toucher Nicolas Copernic à deux titres : en tant que scientifique d'abord, puisqu'elle est la preuve de l'importance de l'astronomie et une forme de concrétisation de l'ébullition intellectuelle du temps, mais également en tant que fils de marchand puisque la nouvelle route des Indes va petit à petit faire disparaître la médiévale ligue hanséatique dont profitait jusqu'alors sa famille.

LE SYSTÈME DE CLAUDE PTOLÉMÉE

Le XVIe siècle est le siècle de la remise en question du système de Claude Ptolémée. Ce savant grec originaire d'Alexandrie est à la fois mathématicien, géographe, astronome et inventeur d'instruments d'observation astronomique. Sa *Géographie* (vers 150) restera le modèle dominant jusqu'à la découverte de l'Amérique et la refondation de cette discipline par le Gymnase vosgien (association culturelle et scientifique), réuni par le duc de Lorraine à Saint-Dié-des-Vosges vers 1500. C'est également en ce début de XVIe siècle que son modèle astronomique est remis en question par Nicolas Copernic.

Le système de ce dernier, présenté dans l'*Almageste* (IIe siècle), repose sur trois principes : une méthode de calcul des distances (grâce à la trigonométrie), des tables afin de repérer la position des planètes et des étoiles, et enfin une cosmologie, c'est-à-dire la façon dont est organisé l'univers, l'ordre des planètes et leur mouvement propre, inspirée de la cosmologie d'Aristote (savant grec, 384-322 av. J.-C.). C'est essentiellement cette dernière qui est remise en cause par les travaux de Copernic.

Pour Ptolémée, la Terre est immobile et se trouve au centre de son système. Autour d'elle tournent, de façon parfaitement circulaire et à vitesse uniforme, les planètes, la Lune et le Soleil. Mais cette théorie ne rend pas compte des phénomènes observés : les planètes paraissent en effet ralentir ou encore effectuer des mouvements rétrogrades. Une planète qui se déplace normalement vers l'est semble parfois partir vers l'ouest avant de reprendre sa course naturelle vers l'est. Pour tenter d'expliquer cette problématique, Ptolémée ajoute donc à son principe d'orbites circulaires et de vitesse uniforme la théorie de l'excentrique, des épicycles et du point équant :

- l'excentrique. La Terre se trouve au centre d'un cercle dit déférent. Mais une planète va en fait réaliser sa révolution sur un cercle dont le centre est légèrement excentré par rapport à la Terre. Ce cercle est appelé excentrique ;

- les épicycles. Une planète, en plus de son mouvement circulaire autour du cercle excentrique, effectue de petits cercles, appelés épicycles, dont le centre se situe sur ce cercle excentrique ;
- le point équant. La vitesse uniforme du mouvement d'une planète ne l'est pas par rapport au centre du cercle déférent (la Terre), ni à celui du cercle excentrique, mais par rapport à un troisième point du rayon, appelé point équant.

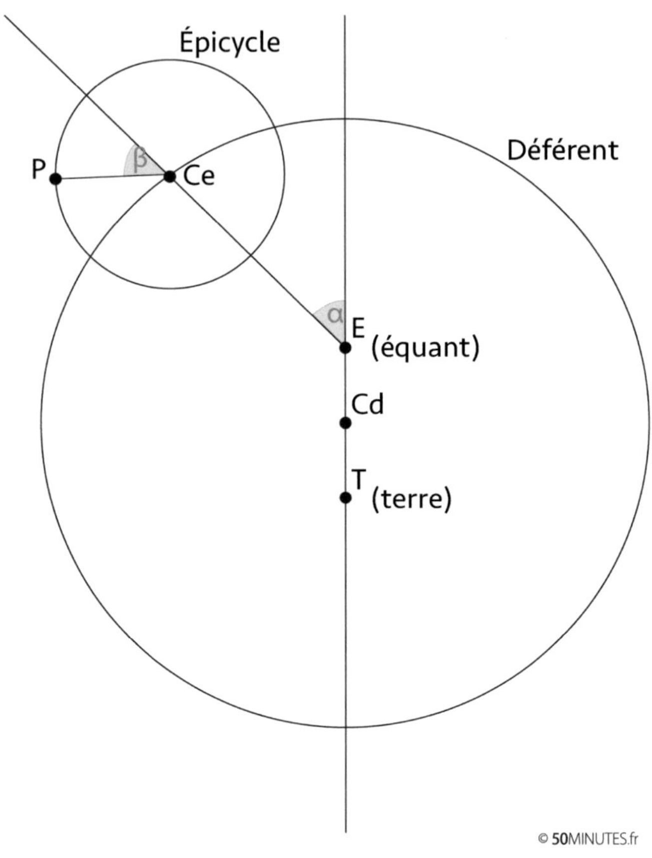

Représentation de la trajectoire d'une planète dans le système de Ptolémée.

Ce système, partant donc sur des principes simples – une Terre immobile au centre d'un cercle sur lequel se meuvent les planètes et le Soleil –, devient particulièrement complexe afin de correspondre à la réalité des observations.

LES OBSERVATIONS

Nicolas Copernic est un héritier de l'astronomie antique et médiévale. Le scientifique se base en effet sur les textes des astronomes et philosophes grecs, arabes et occidentaux, et sur leurs méthodes de calcul, mais également sur leurs instruments, qui n'ont pas beaucoup évolué depuis.

Dans le *De revolutionibus*, il mentionne l'utilisation du quadrant, sans doute le plus ancien instrument astronomique. Il s'agit d'une sorte d'équerre permettant de mesurer, grâce à un calcul d'angle, la hauteur d'un objet observé – et donc son déplacement au fil du temps – et son écliptique (trajectoire dessinée par la course d'une planète sur la sphère céleste).

Photo d'un quadrant conservé au musée Copernic de Frombork.

Autre instrument d'observation utilisé, la sphère armillaire est une sorte de maquette mobile de la sphère céleste. Chaque écliptique est représenté par une armille (anneau). L'instrument montre ainsi les mouvements des planètes et du Soleil autour de la Terre. La sphère copernicienne est d'une grande complexité. Elle place pour la première fois le Soleil au centre et est également composée de cercles représentant les heures et les méridiens, ainsi qu'un système de pinnules, d'aiguilles et de vis qui donne avec précision les positions astrales.

Dessin représentant une sphère armillaire présent dans L'*Encyclopédie* de Diderot et d'Alembert.

Enfin, Nicolas Copernic emploie un triquetrum ou instrument parallactique. Il s'agit de trois baguettes, les deux premières étant de taille identique, la troisième étant égale à l'hypoténuse du triangle rectangle formé avec les deux autres baguettes (soit le plus long côté du triangle). Deux de ces baguettes sont fixes, la troisième est mobile. Destiné également à calculer la distance entre l'observateur et un objet observé, il est, semble-t-il, l'un des instruments privilégiés de Nicolas Copernic.

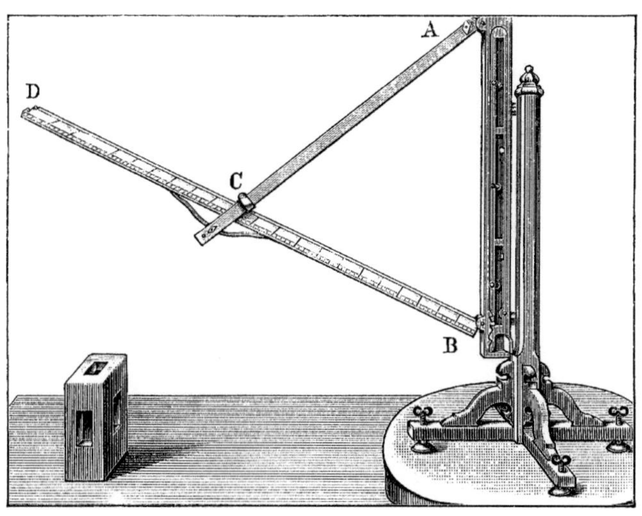

Dessin représentant un triquetrum.

Dans sa tour de Frombork, Copernic utilise également des tables astronomiques. Celles-ci sont des recueils contenant des suites de données horaires et angulaires indiquant, à un endroit donné, la position d'un astre dans le ciel à une heure précise. Le relevé régulier permet l'étude du déplacement des planètes et des étoiles dans la sphère céleste. Les premières ont été dressées par Ptolémée, dont le travail a été repris par les astronomes médiévaux, arabes d'abord puis occidentaux. Ainsi, ses tables ont été révisées au XIIIe siècle à la demande du roi de Castille Alphonse X (1221-1284), ce qui a permis d'y indiquer, outre les mouvements de la Lune et des autres planètes visibles ainsi que les méthodes de calcul de celles-ci, les différents événements astronomiques (éclipses, conjonctions, etc.) qui ont eu lieu. Nicolas Copernic en réalise à son tour, et grâce à son nouveau système héliocentrique, permet à ses successeurs de faire des relevés de plus en plus précis. Servant non seulement à l'observation et à la connaissance scientifique du ciel, ces outils sont également indispensables à la navigation en mer.

Et l'astrologie dans tout ça ?

Durant l'Antiquité comme au Moyen Âge, astronomie et astrologie sont étroitement liées. En effet si la curiosité scientifique pousse les hommes à comprendre leur environnement, elle est souvent accompagnée d'intérêts prosaïques. Le ciel peut ainsi être la représentation d'événements mythologiques (comme la Voie lactée née du lait jaillissant du sein de la déesse grecque Héra tété par Héraclès), ou encore la résidence des anges. Il est surtout un outil de prédiction. Les astronomes arabes médiévaux sont d'abord des astrologues, et la précision de leurs prévisions des destins individuels ou politiques dépend d'une connaissance parfaite de la mécanique céleste. Ce n'est qu'à partir de Copernic, qui rompt avec l'idée toute spirituelle et religieuse d'une Terre au centre du monde, et avec la disparition progressive des sphères célestes distinctes et habitées par des dieux, des anges, ou encore siège du Purgatoire, que commence la distinction entre astrologie et astronomie.

UN NOUVEAU SYSTÈME PLANÉTAIRE HÉLIOCENTRIQUE

Le peu d'instruments d'observation dont dispose Nicolas Copernic et le caractère rudimentaire de l'observation qui caractérise encore son époque expliquent que les travaux astronomiques sont avant tout des constructions mathématiques. Il n'est pas aisé de connaître les influences exactes de Copernic. Déjà dans l'Antiquité, Aristarque de Samos (astronome et mathématicien grec, 310-230 av. J.-C.) avait placé le Soleil au centre du système planétaire. Repris par Hicetas de Syracuse (philosophe et astronome grec, IVe siècle av. J.-C.) et par Héraclide du Pont (philosophe grec, IVe siècle av. J.-C.), qui proposent quant à eux un système dans lequel la Terre tournerait seule sur elle-même tandis que les autres planètes tourneraient autour du Soleil, on retrouve également une théorie des mouvements terrestres quotidiens chez Nicole Oresme (prélat et savant français, 1325-1382). Il ne s'agit donc pas d'une idée nouvelle. Mais pour le mathématicien qu'est Nicolas Copernic, il semble que ce qui l'a le plus heurté dans le système de Ptolémée, c'est que malgré sa complexité, il reste approximatif et n'explique pas correctement certains phénomènes observés. Dans son premier manuscrit d'astronomie, le *Nicolai Copernici de hypothesibus motuum caelestium a se constitutis commentariolus* (*Petit traité de Nicolas Copernic sur les hypothèses à propos des mouvements célestes*) diffusé à partir de 1514, l'astronome se contente de présenter ses principes (la Terre n'est pas le centre du système, tous les orbes célestes n'ont pas le même centre, le Soleil est le centre du système, la Terre effectue des mouvements de rotation propres) qu'il va ensuite développer et démontrer dans son unique ouvrage imprimé le *De revolutionibus orbium coelestium*.

Aristote et de Ptolémée présentaient le ciel comme une succession de sphères cristallines (c'est-à-dire solides) incluses les unes dans les autres sur lesquelles circulaient les planètes. La Terre se trouvait au centre et les planètes se suivaient dans cet ordre : Lune-Mercure-Vénus-Soleil-Mars-Jupiter et enfin Saturne. Pour Copernic, le centre est le Soleil, autour duquel tournent d'abord Mercure, puis Vénus, la Terre, Mars, Jupiter et Saturne. La Lune n'entre plus dans ce système parce qu'elle n'a d'orbite qu'autour de la Terre, donc indépendamment des autres. Ce système a l'avantage d'expliquer, sans avoir recours à tous les épicycles de Ptolémée et surtout en rejetant le point équant considéré comme une aberration mathématique par Copernic, les mouvements rétrogrades. Ceux-ci sont en fait dus à la nouvelle position de la Terre : les planètes situées au-delà de la Terre mettent plus de temps pour effectuer leur rotation autour du Soleil que la Terre qui les dépassent régulièrement, donnant l'impression qu'elles « reculent ». Copernic lie par là même la distance des planètes par rapport au Soleil à la durée de leur révolution (temps mis par une planète pour effectuer un parcours complet autour du Soleil). Plus une planète est éloignée du Soleil, plus la durée de révolution est longue.

LES MOUVEMENTS TERRESTRES

Copernic ne se contente pas de présenter le système héliocentrique. Il démontre également le mouvement terrestre. Toutefois, sa position, tout comme celle sur l'héliocentrisme, n'est pas tout à fait neuve. Elle est déjà présentée par deux de ses contemporains.

Tout d'abord le cardinal allemand Nicolas de Cues (1401-1464) propose un univers infini, donc exempt de centre. La Terre, planète parmi les autres, est animée d'un mouvement propre. Si Nicolas de Cues revient quelque peu sur sa théorie par la suite – remettant la Terre au centre d'une sphère céleste –, il n'en reste pas moins persuadé d'une rotation terrestre. Sa pensée est relayée par d'autres humanistes, comme Pic de La Mirandole (humaniste italien, 1463-1494), ou encore Jakob Ziegler (humaniste et théologien allemand, 1471-1549) et finalement Celio Calcagnini (1479-1541). Ce diplomate au service de la papauté, humaniste réputé ami d'Érasme, défend également la rotation quotidienne de la Terre sur son axe au sein d'un univers fixe, s'opposant donc à l'idée d'un univers qui parviendrait à tourner en 24 heures, soit à une vitesse effarante, autour d'un globe terrestre fixe.

Si le Soleil est le centre du système copernicien, la Terre rejoint donc les autres planètes dans un double mouvement circulaire que Nicolas Copernic compare à celui d'une toupie. Mouvement double, car si la Terre tourne en un an autour de l'étoile centrale, ce qui explique l'alternance des saisons, elle tourne, du fait de l'alternance diurne et nocturne, nécessairement sur elle-même.

LES LIMITES DU SYSTÈME COPERNICIEN

Mais si Nicolas Copernic révolutionne l'astronomie par son système héliocentrique et la présentation des mouvements de la Terre, il n'en garde pas moins quelques principes ptoléméens :

- les orbites restent circulaires ;
- le système solaire est enfermé dans une sphère parsemée d'étoiles fixes ;
- les planètes continuent d'être soutenues par des sphères solides.

Pour ce qui est des étoiles fixes, le rapport entre l'éloignement et l'absence relative de mouvement n'est en effet pas encore établi, sans doute par défaut d'outils optiques qui permettraient de dépasser les limites de l'observation à l'œil nu.

Quant aux orbites circulaires, elles maintiennent le système copernicien dans une complexité comparable à celle du système de Ptolémée, dont il a pourtant tenté de s'affranchir. La circularité et l'uniformité du mouvement planétaire empêchent effectivement de rendre compte correctement des rétrogradations et des ralentissements apparents. Aussi Copernic est-il contraint de conserver des épicycles.

UNE DÉMARCHE PHILOSOPHIQUE

L'une des caractéristiques des textes médiévaux et modernes est le lien étroit qui est conservé entre la science et la philosophie. L'œuvre de Nicolas Copernic ne rompt pas avec cette tradition. La présentation de ses thèses astronomiques passe par le développement d'une pensée philosophique qui s'appuie sur la construction rhétorique d'Aristote. Il prend ainsi un à un les arguments qui pourraient lui être opposés et les réfute en montrant que son système répond à des questions qui ne trouvent pas de réponses par ailleurs, tout en simplifiant les thèses antérieures. Par là, il rejoint également la pensée théologique : Dieu étant perfection et simplicité, sa création ne peut être qu'à son image.

La révolution copernicienne tient également dans sa façon de présenter la nécessaire distanciation de l'observateur par rapport à l'objet observé. Si les philosophes grecs affirment tous que les apparences peuvent être trompeuses, ils n'introduisent pas cette forme de relativité qui veut que les observations varient suivant l'endroit où l'on se trouve et que ce qui peut paraître vrai à un point peut s'avérer erroné à un autre. Cela en revient à dire qu'il peut exister des réalités non perceptibles (comme les mouvements terrestres) dont le scientifique doit pouvoir rendre compte.

Enfin, le système copernicien est le fruit d'une pensée logique et appuyée sur la déduction et le calcul, un exercice de la raison donc, bien plus que sur l'observation et l'expérience.

RÉPERCUSSIONS

L'ACCUEIL MITIGÉ DES PENSEURS DE LA RÉFORME

Si l'ouvrage principal de Nicolas Copernic est sans doute achevé dès 1514, il n'est publié qu'en 1543 et sa diffusion doit beaucoup au seul disciple de l'astronome polonais, Rhéticus. Celui-ci expose tout d'abord les thèses coperniciennes dans son propre ouvrage *Narratio prima* (*Premier discours*) publié en 1540, puis se lance dans la publication imprimée du *De revolutionibus*, à Wittenberg (Allemagne), où il est refusé, puis à Nuremberg. En ces temps de contre-réforme catholique, prompte à condamner toute remise en question de sa doctrine, Nicolas Copernic semble avoir été dans les premiers temps étonnamment protégé des foudres de l'Église.

Les premières récusations viennent d'autres penseurs et tout particulièrement de certains réformateurs. Si Martin Luther a évoqué, avant même la publication du *De revolutionibus*, les hypothèses farfelues d'un astronome qu'il a aussitôt rejetées, sans que l'on sache avec précision s'il s'agissait de Copernic, c'est surtout Philippe Melanchthon (humaniste allemand, 1497-1560) qui s'en prend à l'astronome polonais. Protecteur de Rhéthicus, ce dernier lui fait part des premières épreuves de son propre ouvrage. Mais Philippe Melanchthon rejette l'idée d'une Terre mobile autour du Soleil, parce qu'elle est contraire aux Écritures qui, à plusieurs reprises, évoquent la stabilité de la Terre et le mouvement du Soleil. En passionné d'astrologie, il reste néanmoins admirateur de la qualité des observations de Nicolas Copernic et de ses méthodes de calcul, et finance des tables réalisées à partir de ces derniers.

Autre réformateur de renom, Jean Calvin (1509-1564), sans condamner directement Nicolas Copernic dont il ne semble pas parler dans ses textes, voue néanmoins aux gémonies ceux qui rejettent le géocentrisme.

Tous les réformateurs ne sont toutefois pas opposés aux thèses coperniciennes. Ainsi le théologien allemand Andreas Osiander (1498-1552) est le réviseur et auteur de la préface du

De revolutionibus. Il est d'ailleurs sans doute à l'origine de la discrétion de l'écho des travaux de Nicolas Copernic, qu'il présente comme des « fictions calculatoires », évitant ainsi de heurter la sensibilité théologique de ses contemporains.

UNE RÉACTION CATHOLIQUE TARDIVE

Outre cette précautionneuse préface d'Andreas Osiander, si l'Église catholique semble réagir moins vite que les humanistes réformés, c'est peut-être grâce aux amitiés qui lient Nicolas Copernic avec un certain nombre d'éminents membres de l'Église. De l'évêque de Chelmno Tiedemann Giese (1480-1550) au cardinal de Capoue Nicolas Schönberg (1472-1537), de Johann Widmannstadt (secrétaire du pape Clément VII, 1506-1557) (1478-1534) au pape lui-même, nombreux sont ceux qui l'ont encouragé à publier ses travaux. Il dédie même son ouvrage au pape Paul III (1468-1549). Alexandre Farnèse – qui prendra plus tard le nom de Paul III – est en effet un humaniste passionné. Ami d'Érasme, il est surtout l'initiateur du concile de Trente et de la réforme catholique. Nicolas Copernic rappelle dans sa dédicace que la pensée mathématique ne doit pas être soumise à la théologie, chacune devant évoluer indépendamment, et que les plus grandes innovations sont souvent décriées avant d'être reconnues à leur juste valeur.

Mais si les thèses de Copernic n'émeuvent pas dans un premier temps les autorités catholiques, c'est également parce que leur diffusion ne touche d'abord qu'un cercle restreint d'intellectuels, pour qui elles ne sont que des pistes de travail. Ce n'est qu'avec Galilée que les choses se précipitent. En effet, le savant pisan défend l'héliocentrisme et surtout les mouvements terrestres en s'appuyant sur les travaux de Copernic. Ceux-ci arrivent donc sur le devant de la scène, soutenus par un Galilée qui refuse de les considérer comme de simples hypothèses, mais les pose bel et bien en réalité physique. Son intransigeance suscite la colère du Saint-Siège, qui le convoque en 1616, censure ses écrits et met à l'Index ceux de Nicolas Copernic. Galilée persiste, ce qui lui vaut un procès retentissant en 1633, où il abjure sa position. Les textes de Copernic ne sont retirés partiellement de l'Index qu'en 1754 et totalement en 1835.

LA RÉVOLUTION COPERNICIENNE

Malgré l'interdiction de l'ouvrage, la révolution copernicienne est bel et bien lancée. En effet, le travail de Nicolas Copernic a ouvert de nouvelles perspectives et de nouveaux champs qui vont précipiter les découvertes astronomiques. Si Galilée fait la renommée de l'héliocentrisme et des mouvements terrestres, son contemporain Johannes Kepler, tout aussi féru de science optique que son illustre confrère italien, s'appuie sur les thèses de Copernic et les observations très précises de l'astronome danois Tycho Brahe pour calculer la distance des planètes entre elles et leur vitesse de déplacement. C'est en s'interrogeant sur l'irrégularité apparente de cette dernière qu'il admet que les orbites planétaires ne sont pas circulaires, mais elliptiques. Ses trois lois fondamentales vont ensuite permettre à Isaac Newton d'élaborer la loi de la gravitation universelle, elle-même reprise – pour être remise en question – dans les travaux sur la relativité d'Albert Einstein. Les hypothèses de Nicolas Copernic sont donc à l'origine d'une cascade de découvertes qui fondent l'astrophysique contemporaine.

LES LOIS DU MOUVEMENT

Johannes Kepler puis Isaac Newton ont défini chacun trois lois fondamentales du mouvement.

Celles de Kepler sont les suivantes :

- les planètes ont une trajectoire elliptique dont le Soleil est l'un des foyers ;
- la loi des aires. Les aires balayées par le rayon planète-Soleil sont proportionnelles au temps, ce qui implique que la

vitesse de rotation d'une planète s'accélère lorsqu'elle se rapproche du Soleil et ralentit lorsqu'elle s'en éloigne ;

- la loi des périodes. Le rapport du carré des périodes de révolution au cube du demi-grand axe de l'orbite (rayon de la partie la plus large de l'ellipse) est constant. Cette formule permet de calculer la distance des planètes.

En se basant tout particulièrement sur la deuxième loi de Kepler, Isaac Newton établit trois nouvelles lois fondamentales :

- la loi de l'inertie. En l'absence de force extérieure, la quantité de mouvement d'un système reste constante ;
- la loi de la relation fondamentale de la dynamique. Si une force agit sur un corps, le mouvement de ce corps s'accélère en direction de la force ;
- la loi de réaction. Les forces agissent de manière réciproque. Si un corps exerce une force sur un autre corps, ce dernier réagit sur le premier avec une force égale et opposée.

Ces trois lois permettent de définir la loi de la gravitation universelle.

Enfin Einstein fait sortir la physique de l'univers tridimensionnel newtonien pour la conduire vers un univers quadridimension-nel dans lequel la gravitation n'est plus une force qui attire, mais l'effet d'une courbure de l'espace-temps. Les planètes ne sont plus attirées par une force, mais « glissent » sur la « pente » créée par cette courbure.

EN RÉSUMÉ

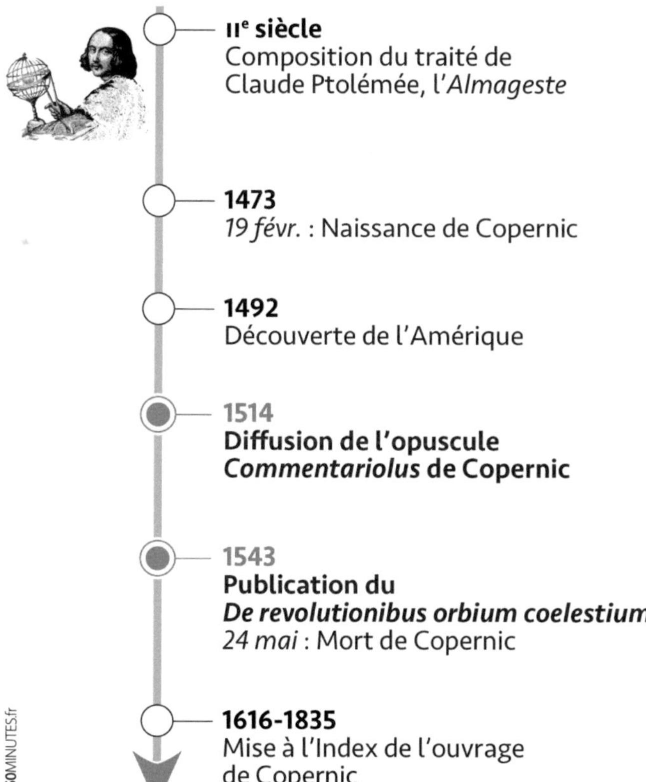

IIe siècle
Composition du traité de
Claude Ptolémée, l'*Almageste*

1473
19 févr. : Naissance de Copernic

1492
Découverte de l'Amérique

1514
**Diffusion de l'opuscule
Commentariolus de Copernic**

1543
**Publication du
*De revolutionibus orbium coelestium***
24 mai : Mort de Copernic

1616-1835
Mise à l'Index de l'ouvrage
de Copernic

- Nicolas Copernic est né le 19 février 1473 à Toruń en Pologne, dans une riche famille de commerçants polonais.
- À la mort de ses parents, il est adopté par son oncle, Lukas Watzenrode, puissant homme d'Église, qui lui permet de poursuivre des études dans les universités de Cracovie, de Bologne et de Padoue.
- Il est initié à l'astronomie par deux grands maîtres, l'un polonais, Albert de Brudzewo, l'autre italien, Domenico Maria Novara.
- Nommé chanoine du Chapitre de Frombork, il remplit des fonctions de médecin, d'administrateur, écrit un traité d'économie et participe à la défense de la ville d'Olsztyn.
- Il fait construire une tour d'observation à côté de la cathédrale de Frombork, et, tout en accomplissant sa charge ecclésiale, se livre à sa passion de l'astronomie.
- En 1514, il fait part dans un petit ouvrage, le *Commentariolus*, de ses nouvelles hypothèses : la Terre n'est plus immobile ni au centre du système planétaire. Elle tourne sur elle-même et autour du Soleil, comme les autres planètes.
- En 1543, année de la mort de Nicolas Copernic, son unique disciple Rhéticus fait publier le *De*

revolutionibus orbium coelestium dans lequel l'astronome démontre et explique l'ensemble de ses calculs et son nouveau système héliocentré. Il est reçu avec réticence dans le milieu protestant.

- En 1616, le livre de Nicolas Copernic, jusqu'alors bien accueilli par les autorités ecclésiastiques, est mis à l'Index suite aux travaux de Galilée.
- L'expression « révolution copernicienne » marque l'importance des travaux de Nicolas Copernic dans l'évolution de l'astronomie, au travers des découvertes de Johannes Kepler ou encore d'Isaac Newton.

Votre avis nous intéresse !
Laissez un commentaire sur le site de votre
librairie en ligne et partagez vos coups de cœur sur
les réseaux sociaux !

POUR ALLER PLUS LOIN

SOURCES BIBLIOGRAPHIQUES

- BISKUP (Marian), « Nouvelles recherches sur la biographie de Nicolas Copernic », in *Revue d'histoire des sciences*, tome 27, n° 4, 1974.

- LEBRANCHU (Jean-Yves), *Écrits notables sur la monnaie (XVIᵉ siècle), de Copernic à Davanzati*, Paris, Alcan, 1934.

- LERNER (Michel-Pierre), « Aux origines de la polémique anticopernicienne (II) », in *Revue des sciences philosophiques et théologiques*, n° 3, 2006.

- LIPINSKI (Edward), *De Copernic à Stanislas Leszczynski*, Paris, Classiques de l'Économie et de la Population, 1961.

- LUMINET (Jean-Pierre), *Les bâtisseurs du ciel*, Paris, JC Lattès, 2010.

- PRZYPKOWSK (T.), « Les instruments astronomiques de Nicolas Copernic », in *L'astronomie*, 1951.

- SZCZECINIARZ (Jean-Jacques), *Copernic et la révolution copernicienne*, Paris, Flammarion, 1998.

- THUAN (Trinh Xuan), *Le dictionnaire amoureux du Ciel et des Étoiles*, Paris, Plon/Fayard, 2009.

- VERDET (Jean-Pierre), « Nicolas Copernic », in *Encyclopedia Universalis*, consulté le 24 octobre 2014.

SOURCES COMPLÉMENTAIRES

- BORKOWSKA (Urszula), « La culture religieuse des Jagellons polonais », in *L'Église et le peuple chrétien dans les pays de l'Europe du Centre-Est et du Nord (XIVᵉ-XVᵉ siècles). Actes du colloque de Rome (27-29 janvier 1986)*, Rome, École Française de Rome, 1990.

- CLAVELIN (Maurice), « Galilée et le refus de l'équivalence des hypothèses », in *Revue d'histoire des sciences et de leurs applications*, tome 17, n° 4, 1964.

- LATREILLE (André), « De Luther à Mohila. La Pologne dans la crise de la Chrétienté, 1517-1648 », in *Revue Historique*, tome 254, Fasc. 1 (515), juillet-septembre 1975.

- STAUFFER (Richard), « Calvin et Copernic », in *Revue de l'histoire des religions*, tome 179, n° 1, Paris, 1971.

SOURCES ICONOGRAPHIQUES

- Représentation de la trajectoire d'une planète dans le système de Ptolémée. La photo reproduite est réputée libre de droits.

- Photo d'un quadrant conservé au musée Copernic de Frombork. La photo reproduite est réputée libre de droits.

- Dessin représentant une sphère armillaire présent dans L'*Encyclopédie* de Diderot et d'Alembert. La photo reproduite est réputée libre de droits.

- Dessin représentant un triquetrum. La photo reproduite est réputée libre de droits.

ICONOGRAPHIE

- *Nicolas Copernic*, anonyme, 1580, conservé au musée de la ville de Torun (Pologne).

- *Nicolas Copernic*, anonyme de l'école allemande, XVe-XVIe siècle, Bibliothèque de l'observatoire de Paris (France).

L'éditeur veille à la fiabilité des informations publiées, lesquelles ne pourraient toutefois engager sa responsabilité.

www.50minutes.fr

ISBN ebook : 978-2-8062-5491-7
ISBN papier : 978-2-8062-5669-0
Dépôt légal : D/2015/12603/126
Photo de couverture : *Nicolas Copernic*, anonyme, 1580, conservé au musée de la ville de Torun (Pologne) © L'image reproduite est réputée libre de droits

Conception numérique : Primento,
le partenaire numérique des éditeurs